Un Regard Vers l'Intérieur

Modeste Herlic
Sarah Lima

1re édition
Édition de l'auteur
2022

Votre chanson

Lorsque l'angoisse frappe votre esprit
Et que vous n'avez nulle part où aller,
Éloignez-vous des remords,
Asseyez-vous quelque part en silence,
Fermez les yeux et ouvrez votre cœur.
Restez là, sans la moindre prétention.
Patientez
Patientez
Votre vérité chantera la plus belle des mélodies,
Dès que votre mental aura cessé de parler.

***

Une fleur

Je vois une fleur
Quand je suis fleur
Je vois de la douleur
Quand je suis douleur
Je projette à l'extérieur
Ce que je suis à l'intérieur
Dans ce cinéma éternel de l'existence
Où mon être est auteur, acteur et dessinateur

***

Aujourd'hui

Je fais confiance à l'univers
Je chéris chaque moment
Loin de la crainte
Je passe ma journée dans le contentement
Je souris à l'imprévu
Je remercie
Respiration profonde
Mon cœur est calme
Ma journée est une réussite

***

S'arrêter de temps en temps

Je n'ai pas besoin de tout faire moi-même
Je peux m'arrêter de temps en temps
Et écouter les conseils des guides spirituels
Que la voix de mon intuition reflète

***

L'attention

Je suis passé par tant de beauté
Sans pouvoir les contempler
Combien de merveilles
Mon regard a-t-il manquées ?
Les plus belles choses du monde
Patientent à mes côtés
Pour être vues et comprises

Aujourd'hui, j'ouvrirai les yeux
Je parlerai avec sérénité
Je marcherai dans la tranquillité
Je comprendrai ce qui est nécessaire

***

C'est aujourd'hui

C'est maintenant
Qui remet l'Amour à demain
Vit dans un grand mensonge
« Remettre à demain »
Est une illusion du mental
Aujourd'hui et maintenant
Je commence le voyage de l'Amour
Si j'attends d'être prêt
Le bateau du bonheur me laissera derrière

***

Ce que je fais quand je me perds

Lorsque, devant moi, les mille chemins qui parcourent
la Terre s'embrouillent, et que je ne parviens plus à
identifier ma mission, je tourne les yeux vers le ciel. Je
contemple le visage du non-manifeste.
Ainsi, je perçois, à travers le visage indigo, le chemin
des chemins, l'ultime route qui mène à la sérénité.

***

Où la vie se passe-t-elle ?

Dans les détails
Dans les détails
Lorsque nous nous abandonnons
Aux petits moments
C'est là que se passe la vie

***

Le détachement

Un jour ou l'autre
La malle des vieux vêtements
Même des plus spéciaux
Doit s'en aller
Pour qu'un nouveau cycle commence
Pour que je puisse flâner
Dans le jardin de Beauté
Avec une nouvelle tenue
Une tunique en or

***

Je prends soin de ma journée

Je ne fais pas de ma journée
Un piétinement de malheurs
Je suis sereine…
Je suis calme
Je médite
Je contemple
En tout temps
Je caresse ma journée
Avec des pensées de joie

***

Un nouveau regard

Les attentes antérieurement faites
Se briseront
Que je le veuille ou non
De nouvelles perspectives doivent être créées
À tout moment de la journée

***

Une fois

Dans le noir profond du ciel, les étoiles s'unirent
comme une guirlande de fleurs. Elles jetèrent tout leur
amour et splendeur sur moi, en chantant : « *Écoute !
Écoute ! Quand tu seras roi de toi-même, nous serons
ta couronne.* »
Ô comme je fus ravi cette nuit-là.
« *Oui, je le veux ! Je le veux de tout mon cœur. Je veux
être roi de moi-même* », ai-je dit à voix basse. Ensuite,
tout le paysage devint un joyau de symphonie.

***

Une loi

« Tout s'en va, revient et se renouvelle
Tout passe... »
Je dois comprendre cette loi
Pour vaincre l'angoisse

***

J'accepte la vie telle qu'elle est

Pardonner aux vicissitudes
C'est donner une friandise au cœur
C'est nager dans la mer de la quiétude
Du renouveau et de l'espoir

***

Le bonheur

Le bonheur, c'est quand je me tais
Pour contempler la vie
Qui meurt au coucher de soleil
Et renaît à l'aube

***

Pourquoi se donner autant de mal ?

De là où je suis, je vois l'opulent,
Impétueusement entraîné par l'ange de la mort.
Le moribond regarde en arrière et s'attriste,
Réalisant l'insignifiance de tout l'or qu'il a amassé.

***

Je cache un lotus dans ma poche

Quand ils disent que mon corps est sale
J'écoute en souriant et je continue mon chemin
Puisqu'il est connu de tous
Que le lotus est l'enfant du marais

***

Une question

Le voyage de la vie semble long, jonché de nombreux
sentiers trompeurs. Mais, dans le cœur, il y a une
route heureuse.
Pourquoi ne pas regarder à l'intérieur de moi-même ?

***

Une définition de la vie

Longtemps,
J'ai observé l'existence sans voir sa lumière.
Je l'ai entendu sans percevoir sa douce chanson.

Comme aujourd'hui est le jour d'un nouveau départ,
Je ferme les yeux pendant un petit instant.
Je respire profondément,
Jusqu'aux tréfonds de mon âme.
J'inspire et j'expire doucement et délicatement.
Hummm…
Hummm…
Je suis sauvée de mes peurs, croyances et limites.
Alors, à travers la vision du cœur,
Je comprends que la vie est une découverte.

***

Je veux, donc je peux

Je reconnais en moi la capacité de surmonter tout
obstacle.
J'ai le don de guérir mes propres blessures.
Soit en méditant profondément,
Soit en prenant l'initiative de demander de l'aide.
Dans tous les cas, j'ai décidé de prendre les rênes de
ma vie.

***

Une plume

Ce qui est vrai est léger
Coulant comme une rivière joyeuse
Aujourd'hui, j'aimerais être une plume
Qui s'envole avec un seul souffle
Aujourd'hui, je voudrais être un danseur
J'irai là-haut dans le ciel
Pour valser avec l'astre doré

***

Le chant du vent

Le mental convaincu,
Détaché de l'âme,
Tente de me convaincre de tout,
Me forçant à désirer ce qui est illusoire.
Heureusement pour moi,
J'entends mon cœur,
Chaque nuit,
Lorsque je me couche pour écouter le chant du vent :

« Tu n'es pas l'insensé
Tu n'es pas l'esprit agité
Tu n'es pas le vassal
Tu es le maître
Tu es celui qui observe
Les fluctuations du mental »

***

Le plus parfait jardin

Je vais me promener dans le Jardin d'Aujourd'hui.
Je veux me délecter du Parfum Actuel.
Comme elles sont flamboyantes les Fleurs de chaque
souffle !
Comme il est doux le murmure des arbres de chaque
instant !
L'illusion du mental est loin de moi
Je peux arroser les Plantes de Sagesse, en paix.
Alors, je me dandine à pas lents
La patience est mon épée
La patience est mon bouclier
Et je marche joyeusement
Le sourire aux lèvres.

***

La compréhension

Refuser l'adversité
N'améliore la vie
Ni ne réduit ses difficultés.

Considérer l'inconfort comme une opportunité de
croissance peut apporter un autre sens à mon
expérience.

***

Un changement

Le simple fait de passer du *« jugement »* à
« l'observation » peut changer toute ma perspective.

***

Les muses

Avez-vous déjà douté
Entre percevoir ou regarder ?
Recevoir ou donner ?
Être ou posséder ?

Trop de questions
Est synonyme de perte de temps
Je voudrais m'allonger, tranquille
Sur mon lit
Je veux attendre. Attendre et attendre…
Jusqu'à ce que les muses de la patience
Viennent chanter l'Amour à mes oreilles

***

Apprendre à s'observer

Quand je me contemple
Je vois l'amour et la maturité
Mais, cela n'arrive que lorsque
Je décide de m'observer
Parce que la plupart du temps
Je me détourne de moi-même

***

Le mal que je me fais

Dans l'impatience et dans le désir d'éviter l'inconnu
Je me prive du contact avec le Divin
Qui habite en moi

***

Toujours prêt à recommencer

Si ce que j'ai vécu jusqu'à présent
N'a pas plu à mon cœur
Alors que je ne perde plus de temps
Que j'ajuste les voiles
Et que je recalcule les itinéraires
Autant de fois qu'il est nécessaire
La vie est un mouvement éternel
La vie est un festival de danses

***

La gratitude

À chaque instant
Je suis reconnaissante
Pour qui je suis
Chaque matin, mon univers intime m'invite
À regarder mon âme et à reconnaitre toute ma
grandeur

***

Je laisse la vie me surprendre

Quand mon corps s'abandonne au désarroi
Je perds mon innocence
Je ne reçois plus de bonnes surprises
Tout se répète et devient ennuyeux
L'existence perd toute sa grâce
La tristesse recouvre ma beauté
Ma journée se perd dans l'anxiété

Aujourd'hui, je dis « *non* » à la détresse
Je veux respirer et faire un beau rêve
Je veux chanter et danser
Avec des manières délicates
Et un corps aussi léger qu'une rose

***

Un cadeau

Pour l'instant
La plus grande bénédiction
Qui puisse m'arriver
Serait que je me fasse piéger
Tombant à plat sur le visage
Et déversant mes certitudes
Dans la rivière du détachement
Donnant ainsi l'espace à la révolution intérieure
Que la vie a toujours voulue m'apporter

***

Ce que veut l'âme

Beaucoup d'hommes louent Dieu
Demandant des choses matérielles
Ou exprimant leur gratitude pour les choses reçues

Mais, l'âme libre ne veut rien savoir
Elle ne souhaite que chanter aux étoiles
Les doigts caressant un luth à la couleur d'or
Assise, complète et sereine
Comme un lotus au cœur du firmament

***

Une définition de l'Amour

Toute l'existence humaine n'est que l'Amour Sublime
qui unit l'homme à lui-même et à son prochain. Ce
même Amour prend soin de la Mère Terre et apporte
de la joie aux esprits de ses enfants humains, animaux,
végétaux et minéraux. L'Amour unit les peuples et fait
du monde un endroit où il fait bon vivre.

Allons-nous nous aimer, mes amis ?
La mer du bonheur est infinie
Jetons-nous dans cette joie
Et mouillons l'esprit et le corps
Avec un plaisir sans fin

***

Une autre définition de l'Amour

Entre deux extrêmes, l'Amour est le chemin de la vérité. C'est la douce flûte que l'âme joue lorsque nous nous perdons. Sa profonde mélodie nous tire par les épaules, nous rappelant que la richesse du cœur n'a point d'égal en ce monde.

***

Je me fais confiance

Je n'abandonne pas mon amour-propre
Qui est bleu et infini comme un océan
Couvrant l'immensité de mon cœur

Je peux faire mille choses
Valser avec ma joie
Sourire aux inconnus
Marcher avec la victoire
Rire et sortir avec des amis

En vérité
J'ai beaucoup d'amour
À offrir au monde

***

Je veux aimer

Chaque fois que j'abandonne les idées toutes faites,
les certitudes du mental, les regards méfiants et les
discours orgueilleux, je reçois l'amour de l'Univers.
Je deviens l'Univers.

***

Comment puis-je aimer ?

J'ai longtemps souffert
En essayant d'apprendre
Ce qui ne s'enseigne pas.
Maintenant, je sais :

« On n'apprend pas à aimer,
Mais on aime simplement.
Et l'on apprend à aimer les autres
Qu'en s'aimant soi-même »

***

Le vent de la bonté

Cette énergie qui se pavane entre les êtres de bon
cœur
Est passée par nous une centaine de fois
Et elle ne s'arrêtera pas
Quand bien même nous n'en savons rien
Oui, le vent de la bonté est comme ça
Il est toujours avec nous

***

Le cycle des bonnes actions

Tout commence et recommence.
Nous aurons toujours de nouvelles opportunités de
faire du bien, de faire le bon choix, de bannir le
mensonge de nos vies.

***

L'acceptation

Chaque fois que je me permets
D'être qui je suis
J'accepte l'autre tel qu'il est
Ainsi, dans l'harmonie et dans la joie
Nous sommes qui nous sommes

***

Une perception

En échangeant la *« raison »* contre la *« compassion »*,
je perçois une déesse dans mon palais intérieur.

***

Qui suis-je ?

*« Tu es Amour, car seul l'Amour peut créer.
Tu fais ta douleur. Tu fais ta joie ».*

Cette réponse m'est venue tout droit du cœur.

***

Notre mission

Parfois, la vie se présente comme un nœud
Qui doit être dénoué
Et nous sommes les seuls à pouvoir le faire
Puisqu'on ne peut déléguer son bonheur à autrui

***

Une considération

Le néophyte de la vie, qui marche sur Terre, doit se
connaître, avant de comprendre le monde.

***

Quand tout est perdu

Quand tout est perdu et qu'il n'y a plus rien à offrir, ce que vous donnez par courage est précieux comme l'or et lumineux comme le clair de lune. Alors, agissons avec le cœur et tournons le dos au jugement.

***

Un régal d'amour

Un sourire est une rose
Qu'une âme offre à une autre

***

L'âme

Je suis une âme
Immense, illimitée
Une mer infinie
Coincée dans de l'argile

***

Moi

Personne ne naît prêt
C'est ce qu'ils disent
Mais, en fin de compte, on ne devient rien
Alors, j'affirme que je suis déjà ce que Je Suis
Il ne me reste plus qu'à Me découvrir

***

La bonne direction

À l'extérieur de mon être
Le mental agité ne me procure aucune jubilation
À l'intérieur de mon être
Des lucioles délicates et silencieuses me montrent le
chemin

***

Dans mon cœur

Profond et infini
Lumineux et splendide
Tel est l'Être qui habite mon cœur
Me voici dans toute mon immensité

***

Le regard de l'âme

Dans le tableau de l'éternité,
Diverses sont les couleurs,
Mais, la création est Une.
De la même manière,
Le peintre est UNIQUE.
Sa sublime main s'appelle *« Essence divine »*
Et ne peut être perçue qu'à travers les yeux de l'âme,
Par *« l'observateur »* qui aime.

***

Aux amis

La lumière que vous voyez autour du Soleil
La lumière que vous voyez chez votre prochain
Est la vôtre

Regardez-vous dans le miroir, avec compassion
Comme si c'était la première fois
Ainsi, vous verrez le visage de l'Amour

***

La magie de l'appréciation

Les petites choses réconfortent l'âme
De minuscules détails
Des choses que je perçois
Seulement quand je m'arrête pour respirer
Oui, c'est uniquement dans le calme
Que ces choses me sont révélées
Alors, je vois le monde avec clarté
Par la magie de l'appréciation
De chaque instant
De chaque sourire
De chaque étreinte
De chaque geste

***

Pourquoi courir autant ?

Qui n'a jamais pensé à s'enfuir ?
Et qui ne s'est jamais demandé :
« Qu'est-ce qui me pourchasse ? »

À un moment donné, je dois faire une introspection,
accepter les choses telles qu'elles sont et me laisser
aller.

***

À l'intérieur de mon être

« *S'il existait un chemin qui puisse éclairer mes doutes les plus profonds, le suivrais-je ?* » demandai-je au vieil homme.

« *Ce chemin existe, et il est caché tout au fond de toi* », répondit l'ancien, avec indifférence.

***

Mon secret

Mon secret dans les moments d'agitation :
— Lorsque j'arrête la course de la journée
Pour m'abandonner à l'inconnu
Je sens la pulsation silencieuse mais criante
Des vagues qui dansent d'un côté à l'autre
Ambiguës et parfaitement connectées
Dans la plénitude de mon être

***

Une considération sur le MOI

L'âme que je suis adore les célébrations
Elle aime danser et chanter
Elle est tout ce qu'il y a dans l'univers
À l'intérieur comme à l'extérieur du corps
Cachée ou révélée
Elle est la pure expansion

***

Au cœur de l'être
Il n'y a rien qui le différencie
Ou le rend semblable à un autre

***

Nous

Chacun d'entre nous
Est un verre d'eau plein en soi
Celui qui croit être une moitié
N'a jamais vu son propre visage

***

Un regard innocent

Observer ce qui me met mal à l'aise, avec un regard innocent, comme si c'était la première fois, m'apporte la candeur de l'âme que je suis.

***

Pendant que je me perds dans mes pensées
Quelque chose de subtil résonne en moi :
« Viens ici ! Viens ici !
Ne perds pas ton centre
Vis chaque instant
Sois présent ici et maintenant
Puis observe tes problèmes avec clarté »

***

L'interrogation

Au terme de l'éternelle recherche, rien n'a été trouvé,
Comme si tout ce qui avait été fait ne valait pas grande
chose.
Je marche tout le temps et à chaque pas en avant,
Je trébuche et tombe, oubliant tout ce que j'ai appris.
Pourquoi ne pas tout faire à l'envers ?
« M'arrêter pour de bon ;
Ne plus bouger ;
Regarder là où je n'ai jamais regardé ;
Siffler avec les oiseaux ;
Me coucher sous un ciel étoilé ;
Respirer profondément ;
Écouter la mélodie silencieuse de la nuit
Et dormir en paix. »

***

L'attention

Je laisse le premier vent du matin caresser mon visage
Je me réjouis, sans prétention, en voyant la plante
dans le jardin
La pointe de mes cheveux se frise quand je tiens le
stylo pour écrire
Un sourire assiège mes lèvres quand je sens la vie
parcourir mon corps
Il est temps de déposer les lettres d'Amour sur un
papier doré

***

Mon but

Je passe beaucoup de temps
À me poser des questions
Sur mon but dans la vie.
Cependant, je parle au singulier : *« mon but »*.
Pourquoi dois-je en avoir qu'un seul ?
Dans un monde d'une rare grandeur,
Avec tant de gens différents,
Des secrets merveilleusement cachés,
Des terres jamais explorées auparavant.
Pourquoi n'avoir qu'un seul but ?
Pourquoi ne pas m'intégrer au Tout ?
Pourquoi ne pas vivre sans limites ?

***

L'imprévisible

Comment est-ce possible
Que l'amour me soit arrivé ?
Moi qui suis réfléchie et rationnelle

En vérité, nul ne peut échapper à son cœur
L'amour arrive à l'improviste
Puis occupe l'espace qu'il trouve
Aveuglant ainsi ceux qui l'ignoraient

***

Contrôler

« Contrôler les choses » n'est pas pour moi
Même avec toutes les forces du monde, il m'est
impossible de contrôler les événements du quotidien.
Il m'arrive de prévoir certains d'entre eux. Cependant,
d'autres me brisent le cou, me rappelant ainsi que le
contrôle que j'ai sur les choses…
Attends…
« Contrôle ? »
Ai-je un quelconque contrôle sur ma vie ?

***

Le tout

La pluie, qui rajeunit le monde, rafraîchit le corps et renouvelle l'esprit, est unique. Pourtant, lorsque je la contemple en silence depuis ma fenêtre, j'aperçois une légion de gouttes d'eau, chacune d'elles étant, à la fois, incomplète et entière.

***

L'univers et moi

Que sais-je de l'amour ?
Que sais-je de l'infini ?
Que sais-je du monde ?
Je suis poussière devant l'immensité
Une zeptoseconde devant l'éternité
Pourtant, j'ai quelque chose dans mon for intérieur
Une voix qui me fait avancer
Un fil, sublime et invisible,
Qui me relie aux étincelles de l'Univers
Voilà
Je ne suis pas seule

***

L'unité

Le jour et la nuit ne sont qu'une seule chose.
Ceux, qui perçoivent cela, ont l'œil pour apprécier
l'élixir de la beauté divine.

***

S'arrêter et se reposer

Vous n'avez pas besoin d'aller loin.
Vous êtes à un souffle de votre destin.
Dans votre respiration se trouve L'Essence Divine
Qui vous relie à toute chose.

***

Ma vérité

Le désir le plus profond de mon cœur
N'est plus un mystère
Il m'a été révélé auparavant et des millions de fois
Je l'ai connu dans le passé,
Avant de l'oublier de nouveau
C'est pourquoi je dois retourner chez moi
Au plus profond de mon cœur

***

Identité

« Nous sommes lumières sur le même chemin
Des particules divines ayant le même but
Tu ne te souviens peut-être pas maintenant
Mais, tout est là, dans ton cœur
Regarde les fissures qui s'ouvrent en toi
Et les faisceaux de lumière
Que tu projettes quand tu es heureux
Voilà ce que tu es »

***

Une autre considération sur l'unité

La goutte d'eau, qui porte en elle l'esprit de la mer, ne
signifie rien tant qu'elle ne se mêle pas à des milliers
de ses semblables pour devenir la mer elle-même,
immense et infinie.

Au fond, je veux retrouver ma *« Grandeur »*
Mais, avant que cela ne soit possible
Je dois me joindre à mes semblables

***

La solitude

Je ne crains pas la solitude
En elle, je me vois
En elle, nous nous reposons
Moi et toutes les autres versions de Moi

***

La caresse de la vie

Doux est le vent qui arrive
Pour me rappeler que je ne suis pas seule
Caressant le corps et l'âme
Avec des messages de l'infini
Établissant des liens avec mon vrai MOI
Dans une spirale d'amour

***

Du Karma

Je voulais que la vie se déroule à ma façon
Ni plus ni moins
Mais, qui a dit que la vie notait mes demandes au
comptoir de la réincarnation ?

***

L'effort

Mes amis
L'effort peut sembler juste
Mais souvenez-vous :
« Pour former le puzzle
Les pièces s'emboîtent naturellement
Comme si elles se cherchaient l'une l'autre »

***

L'ordre naturel

Chaque fois que je me décourage,
Je me souviens de l'ordre parfait qui s'occupe de tout.
Cette sublime logique veut que je lui donne libre cours,
La laissant agir selon la volonté de l'Éternel.

***

Il y a une grande amie en moi

À la tombée de la nuit, la conscience me murmure :
« Tu as gagné un autre jour de combat. »

À l'aube, la même mélodie me caresse :
« Lève les yeux, car aujourd'hui je serai tes ailes. »

***

Un événement

Un jour, je suis allé au Jardin du Silence et je me suis
assis sous l'Arbre du Détachement. J'ai fermé les yeux
et j'ai chanté avec le vent « h-u-u-u-u-u-u-u-u-u », en
inspirant et en expirant, lentement et doucement, en
bougeant mes lèvres avec grâce.
À un moment donné, j'ai entendu une voix
mystérieuse, qui disait :
*« Tu n'as jamais ouvert les yeux pour me voir, et ainsi
écouter le chant céleste qui réjouit avec la mélodie
exaltée de l'Amour. C'est la symphonie qui ne s'éteint
jamais. »*
Cette phrase était le plus beau son que j'avais entendu
jusqu'alors.
Je me suis donc allongé sur l'herbe douce et j'ai dormi
comme un bébé.

***

L'univers

L'art vivant de la création
L'écran bleu au-dessus de nos yeux
Orné de rafales blanches et fumantes
Tout cela a été fait spécialement pour nous
Jour après jour
Un nouveau tableau du Grand Peintre
Des illustrations divines, faites sur mesure

Quand serons-nous capables de voir
L'univers dans toute sa splendeur ?

***

La grande étoile

Quand je ne suis pas fasciné par le soleil
Je l'envie
Ça doit être parce qu'il ne m'abandonne jamais
Après chaque nuit, il me revient toujours

***

À quoi sert la dualité ?

Ombre et lumière
Paix et euphorie
Je reconnais chacune d'elles
Grâce à leur opposé

***

Il n'y a de fin sans commencement
De méchant sans gentil
De paradis sans enfer
De bon sans mauvais
De félicité sans tristesse
Éternelle dualité…
Pour comprendre ce paradoxe
Il est nécessaire de s'éveiller
Et d'accepter la vie telle qu'elle est

***

L'harmonie

De toutes les époques et univers possibles,
La Création a souhaité que nous soyons ici et
maintenant, partageant la vie l'un de l'autre.

***

Je prends conscience

Quand je pense qu'il y a quelque chose qui ne va pas
chez moi, je projette ce sentiment à l'extérieur de mon
être.
Sans plus tarder, je vois quelque chose de mauvais
dans le monde.
Cette attitude coupe le fil qui me relie au Divin, le fil
qui me relie à l'univers entier.

***

L'Univers n'attend que ma réciprocité
Il me connaît et m'appelle par mon nom
Chaque fois que je me mets à écouter
Le chant des oiseaux

***

Je ne suis pas seule
Je ne l'ai jamais été
L'univers marche dans mon ombre
Progressivement, j'apprends à lui faire confiance

Un pas en arrière
N'est pas du recul
Il ne s'agit pas de renoncement
C'est juste un pas en arrière

Pour réfléchir
Pour observer la vie
Pour respirer
Et surtout
Laisser la Vie agir

Quand tout s'arrête
Quand je suis sans but

Je fais un pas en arrière
Pour prendre de l'élan
Pour faire de la place à l'Univers
Pour rester à l'écart
Permettant ainsi
Que la force divine m'élève

***

Quand je laisse faire

Quand j'accepte ce qui m'est présenté
Et j'arrête de me battre
Une magie se produit :
« L'abandon à la Vie
La confiance intérieure
La certitude de la lumière après la nuit ».

***

Se détendre

Comme il est agréable d'ouvrir les mains
Et de se détendre un peu
Surtout quand nos aspirations n'ont pas lieu
En ouvrant les mains,
Je sens l'air passer doucement entre mes doigts.
En ouvrant les mains,
Je vois les sentiers qui m'ont tant marqué
En ouvrant les mains,
La tension de la poignée disparaît
Je respire
Profondément
Je me calme
Et je me réjouis
Je fais tout cela
Rien qu'en ouvrant les mains

***

L'acceptation

Il n'est pas nécessaire de lutter contre ses sentiments
Les émotions traversent ma poitrine
Comme les énergies qui se déplacent dans l'univers
Arrêter le flux de mes émotions
C'est barrer le fleuve de mon existence

***

Une pensée

Bien qu'il soit unique, l'Homme n'est rien d'autre qu'un grain de sable dans le désert ou une goutte d'eau dans l'océan.

***

Mon immensité

Ce que je ressens quand j'accepte mon immensité :
« *Je suis une âme heureuse et je ressemble au
Suprême lorsque j'aime et prends soin des êtres qui
m'entourent.* »

***

Une nouvelle résolution

Après avoir grandement souffert
En affrontant plusieurs péripéties de la vie,
Je suis arrivé à une conclusion : *« La course de la
rivière reflète la danse de l'existence »*.
Donc, à partir de maintenant, je serai une rivière
Et j'irai à la mer du merveilleux repos, le cœur ouvert.
C'est là ma vraie demeure.

***

Une contemplation

Voici ce que j'ai pensé après une longue journée de
contemplation :
*« Je vois les hommes qui m'entourent et je les aime
tous comme j'aime le Créateur, celui-là même qui, il y
a longtemps, a marqué ma poitrine gauche avec des
lettres d'or, parlant d'Amour.
Ô frères et sœurs, regardez en vous et percevez les
mots brillants qui y sont éternellement gravés. »*

***

L'action parfaite dans l'inaction

L'observation est parfois suffisante
Il y a des moments où *« ne rien faire »*
Est la seule action nécessaire

***

Où se cache le trésor de l'amour-propre ?

Le sublime trésor se trouve
Dans le pouvoir de l'écoute de soi
Dans l'art de croire en soi
Dans le plaisir de s'accepter
Tel que l'on est
Et de se regarder
Avec compassion
Avec sympathie
Avec l'amour de soi

***

Que faire du temps ?

Le temps est léger, fugace, fugace…
Il ne doit pas retenir mon attention
Mon attention doit se porter sur ce qui habite
Dans le souffle qui frémit en moi

***

Un ami secret

Des moments troublants arrivent
Ils peuvent perturber ma vie
Mais, c'est à ce moment-là
Que je devrais me tranquilliser
La solution s'est déjà révélée
Elle est avec moi
Alors, je ferme les yeux
Pour l'éprouver

***

C'est seulement dans la demeure du silence absolu, où aucun son n'est entendu ou prononcé, que réside ma vérité.

***

En la sublime présence du silence, la véritable nature des formes se révèle.

***

Mon cœur

C'est l'endroit
Où je me recueille
Pour restaurer les énergies
Où, avec les yeux fermés,
J'accède à la mer intérieure
Aux eaux dormantes
Alors, je retrouve ma paix

***

Pourquoi tant de discorde ?

Se battre pour une chose
Protester pour une autre
Mon essence ne reconnaît pas de tels antagonismes
Mon Être est Simplicité et Amour

***

Le plus beau spectacle

Dans le ciel enchanteur
Les nuages défilent dans leurs robes couleur miel
C'est le crépuscule, c'est l'heure de l'art divin
Je m'en vais m'allonger sur le sable chaud
Près de l'Océan de Beauté
Pour contempler cette merveille

***

Un peu plus près de moi-même

Je vois avec les yeux du cœur
Que, parfois, nous faisons de bons choix
Mais, il y a un endroit d'où ceux-ci viennent
Et c'est à ce temple que je me rends
Quand j'accepte ce que je suis
Sans aucun jugement

***

En méditant

En méditant
Je ressens un certain soutien spirituel
Je sens que je suis accompagné
Par les anges de l'au-delà

***

Plus je médite
Plus je me découvre
Plus j'aime
Plus je me réinvente

***

Chaque fois que je médite
Les étoiles se réunissent
Dans ma poche
Pour danser et chanter
Avec beaucoup de joie

***

Quand j'ouvre les yeux

Quand j'ouvre les yeux
Après mon long silence
Je suis émerveillé
Par une profonde tranquillité
Qui prend possession de mes sens

***

Un manuscrit

Un manuscrit scintillant transpire dans mon cœur.
Quand j'ai envie de le lire, je me retire dans un endroit
tranquille. Je ferme les yeux et concentre mon attention
sur le troisième œil, le point situé entre mes sourcils.
Là, je m'abandonne au silence. Comme la chute des
gouttes d'eau, je décèle graduellement les secrets de ce
merveilleux livre.

***

Sous le ciel

Sous le ciel, je n'ai qu'un seul but :
« *Me connaître moi-même.* »
Alors pourquoi je cours autant
Derrière ce qui ne m'appartient pas ?

***

Une visite inhabituelle

Une fois, je rencontrai l'Âme dans un rêve. Nous nous assîmes autour d'un feu, au sommet d'une montagne. Elle me dit :

« Moi, ton éternelle amie, libre, silencieuse et joyeuse, je marche toujours avec sérénité à tes côtés, t'aimant et te servant, même si je suis maîtresse de moi-même et toi, esclave de toi-même.
Je marche à tes côtés comme le zéphyr dans l'ombre des bourrasques. Je te chante la douce mélodie du divin printemps, une joie pour les êtres conscients de l'instant présent. »

Un rayon doré entra dans ma chambre et se posa sur mon oreiller. Ma peau sentit un léger, mais délicieux frôlement. Puis j'ouvris les yeux. Ma journée a bien commencé.

***

Le message de mon cœur

« Ô vieille âme, l'éternité n'est rien d'autre qu'un enfant dans tes bras. Je suis l'Amour, ton grand ami dans ce monde perfide, où l'oubli est ton plus grand ennemi. Quand le ciel tombera sur la Terre et que les océans recouvreront la vie, souviens-toi de moi. Je suis le pouls de ton corps et ma présence à tes côtés est un régal pour l'esprit, un délice sans fin pour ceux qui aiment la vérité. »

***

Je ne suis pas seul

Cela ne peut être qu'un mirage, cette solitude qui me
hante telle une vilaine pensée.
Je ne suis pas seul et je sais que le vide absolu est à
mes côtés.
Je ne le vois pas, mais je le sens. Ce vide est tout et
rien à la fois.
Je l'écoute, quand je perçois les battements de mon
cœur.
Il ne fait aucun bruit et pourtant, c'est le son ultime.
À travers cette sonorité, je perçois les multiples voix
du monde.
Je les vois couler en moi comme un fleuve infini,
murmurant à mes oreilles leur douce mélodie.
Il me semble que c'est le chant de l'aube divine ou la
poésie d'un être aimant.
Cela doit être la musique qui fait danser les rivières,
se dirigeant vers la mer.
C'est cette voix qui libère le lotus de la boue.
Elle est parfois plurielle, comme le bourdonnement
des abeilles.
Agréable comme le timbre d'une flûte divine.
Cette symphonie suprême a allumé le feu sacré dans
mon cœur et depuis lors, je connais la joie de
l'Amour.

***

Belle âme

Belle âme, revêtue d'homme,
Écoute les gémissements de ton cœur,
Qui agonise sous le joug du vêtement.

Âme resplendissante, sans couleur, sexe ou race,
Aime-toi, toi-même,
Car dans ton cœur se trouve la vérité des vérités.

Âme ancienne, aime la Création,
Qui est la Vérité Sublime en ce monde
Et au-delà des horizons.

Âme compatissante, aime tes semblables,
Puisqu'ils sont les minuscules particules de ton être.

Âme gentille, aime, respecte, organise,
Protège et recherche l'harmonie avec la nature,
Qui est la Géante Mère de ce monde éphémère.

***

TAO
TE
CHING
RETOLD

THE BOOK OF WISDOM

Truth that can be told is not the eternal truth.
Word that can be spoken is not the eternal word.

Nameless reality is the eternal truth.
The naming is origin of everything.

Free from desires, you realize the mystery.
Caught in desires, you see only the objects.

All objects emerge from the same source.
That source is called the great darkness.

The darkness within darkness, without end.
That is the gateway to all understanding.

When people see some objects as beautiful.
The other objects become ugly.

When people consider some things as good.
The other things become bad.

Being and non-being create each other.
Long and short define each other.

High and low depend on each other.
Before and after follow each other.

The sage teaches without saying anything.
The wise acts without doing anything.

The darkness is like an eternal void.
She is filled with infinite possibilities.

She is always present; within and without.
She is even older than the concept of god.

The objects arise and she lets them come.
The objects disappear and she lets them go.

She owns but doesn't possess anything.
She acts but doesn't expect anything.

When her work is done, she forgets it.
That is why she is ever blissful.

When you overestimate great people.
Ordinary people become powerless.

When you overvalue possessions.
The people begin to steal it.

The sage lead by emptying people's mind.
They fill the core by weakening ambitions.

The wise help people empty their minds.
They create confusion among the clever.

When you practice non-doing.
Everything will fall into place by itself.

The darkness doesn't take sides.
She gives birth to both good and evil.

The sage doesn't take sides.
The wise welcome both saint and sinner.

The darkness is like a bellows.
She is empty yet infinitely capable.

The more you talk of darkness.
The lesser you understand it.

Darkness is called the supreme mother.
She gives birth to the infinite worlds.

Darkness is always present within you.
You can use it in any way you want.

The darkness is eternal and infinite.
Why is she eternal?

She was never born.
Thus, she never dies.

Why is she infinite?
Since, she has no form.

She is detached from everything.
Thus, she can be one with them.

The supreme good is like water.
Nourishes all beings without trying.

Content with places that people disdain.
Thus, water is like the darkness.

In dwelling, live close to the ground.
In thinking, keep to the simple.

In conflict, be fair and generous.
In governing, don't try to control.

At work, do what you enjoy.
In family, be completely present.

When you don't compare or compete.
Everyone will respect you.

Fill your bowl to the brim and it will spill.
Keep sharpening a knife and it will blunt.

Chasing after money and security.
Your heart will never find peace.

Care more about people's approval.
You will become their prisoner.

Do your work, then step back.
The only way to serenity.

Can you stop your mind from wandering?
Keeping to the original source.

Can you let your body completely relax?
Can you clean your vision until you see nothing?

Can you love people without imposing your will?
Can you let events take their own course?

Can you let go of your mind?
Thus, understand all things.

Can you give birth without possessing?
Can you nourish without expectations?

Leading and not trying to control.
This is the supreme virtue indeed.

We shape the clay into a pot.
But, emptiness inside holds anything.

We make a house using concrete.
But, space inside makes it livable.

Thoughts weaken the mind.
Desires wither the heart.

The sage observes the world.
But, trusts only the inner vision.

Success is as dangerous as failure.
Hope is as hollow as fear.

Why is success as dangerous as failure?
Your status in society keeps on changing.

When you stand with both the feet.
You will always keep the balance.

Why is hope as hollow as fear?
They arise from the same concept of self.

When we don't see the body as self.
What do we have to fear?

The darkness is beyond all concepts.
Look, and she can't be seen.

Listen, and she can't be heard.
Reach, and she can't be grasped.

Approach her and there's no beginning.
Follow her and there is no end.

You can't know her, but can be her.
This is the essence of true wisdom.

The ancient sages were subtle.
Their wisdom was profound.

There is no way to describe their wisdom.
All we can describe is their appearance.

They were as careful as when crossing a river.
They were alert as warriors in enemy territory.

Courteous as a guest. Fluid as melting ice.
Receptive as a valley. Clear as a crystal.

Can you patiently wait till your mind settles?
Can you remain still till the right action arises?

The sage doesn't seek anything.
The wise can welcome all things.

Empty your mind of all thoughts.
Let your heart be at peace.

Watch the turmoil of all things.
But contemplate the return to source.

Everything in the universe returns to source.
Returning to the source is serenity.

When you don't realize the source.
You stumble in confusion and sorrow.

When you realize the source.
You become amused and detached.

The sage becomes tolerant and kind-hearted.
Always immersed in the wonder of source.

The sage can deal with anything in life.
When death comes, the wise are prepared.

When the sage governs.
The people are hardly aware.

The sage works without any traces.
People say 'We did it by ourselves'.

Next is a leader who is loved.
The worst is one who is feared.

When you don't trust people.
You make them untrustworthy.

When the great source is forgotten.
The goodness and religion appear.

When the intelligence declines.
Cleverness and knowledge step forth.

When a country falls into chaos.
Patriotism is born out of it.

Throw away this fake holiness.
People will be a hundred times happier.

Throw away the concept of morality.
People will start doing the right thing.

Throw away business and profit.
There will not be any thieves.

Stop thinking, and end your problems.
No difference between success and failure.

I am like an idiot; my mind is so empty.
Other people seem bright and intelligent.

I alone drift aimlessly.
Other people have a purpose.

I am different from the ordinary people.
I drink from the supreme mother's breasts.

The source is dark and unfathomable.
Even before space and time.

How do I know this is true?
I look inside myself and see.

You want to be whole, let yourself be partial.
You want to be straight, let yourself be crooked.

You want to be full, let yourself be empty.
You want to be reborn, let yourself die.

The sage has nothing to prove.
Thus, the people can trust.

Express yourself, then keep quiet.
Be like the forces of nature.

Open yourself to the source.
Trust your natural responses.

One standing on tiptoe doesn't stand firm.
One who rushes ahead doesn't go far.

One clinging to own work doesn't excel.
Just do your job sincerely, then let go.

Something formless existed before the universe.
It is solitary, unchanging, infinite, and eternal.

The eternal void is mother of the universe.
For lack of a better word, I call it darkness.

The unmoving is the source of movement.
The darkness is the source of light.

A good traveler is not intent upon arriving.
A good explorer has no fixed plans.

A good artist lets intuition lead wherever it wants.
A good scientist is free of all concepts.

The sage is available to all people.
The wise don't reject anyone.

The wise use all situations.
Thus, they waste nothing.

Know the masculine, yet keep to feminine.
Know the white, yet keep to black.

The world is formed out of the darkness.
Sage knows darkness, yet cherishes the world.

Do you want to improve the world?
I don't think it can be done.

The world is a sacred place.
It is perfect and can't be improved.

If you tamper with it, you will ruin it.
If you indulge in it, you will lose it.

There is a time for being ahead.
And, a time for being behind.

There is a time for being in motion.
And, a time for being at rest.

There is a time for being vigorous.
And, a time for being exhausted.

There is a time for being safe.
And, a time for being in danger.

The sage doesn't take sides.
Neither try to control them.

The sage never defeats enemy by force.
For every force, there is a counterforce.

For every action, there is a reaction.
Violence always rebounds upon oneself.

The wise act subtly and then stops.
They know that universe is out of control.

Weapons are tools of mass destruction.
All wise people detest them.

Weapons must be used in the direst situation.
If compelled, use them with utmost restraint.

How can one remain content?
If the peace is shattered.

The enemies are not demons.
But human being like us.

The sage doesn't wish harm to anyone.
Nor does rejoice in victory.

The sage enters a battle with sorrow.
As if attending a funeral.

How could a sage rejoice in slaughter?
The wise are always full of compassion.

The supreme darkness cannot be perceived.
Subtler than atom contains countless galaxies.

Knowing others is intelligence.
Knowing yourself is true wisdom.

Conquering others is strength.
Conquering yourself is true power.

When you embrace death fully.
You will endure forever.

When you want to shrink something.
You must first allow it to expand.

The soft overcomes the hard.
The slow overcomes the fast.

Let your work remain a mystery.
Just show people the results.

The sage doesn't seek power.
Thus, the wise are truly powerful.

The sage does nothing.
Yet leaves nothing undone.

The sage has no self-will.
The wise dwell in reality.

When a superior one hears of source.
That person begins to embody it.

When an average one hears of source.
That person half believes it, half doubts it.

When a foolish one hears of source.
That person laughs out loud and rejects it.

The true power seems weak.
The true purity seems tainted.

The greatest love seems indifferent.
The greatest wisdom seems childish.

The darkness gives birth to One.
One gives birth to Two.

Two gives birth to Three.
Three gives birth to all things.

Ordinary people hate solitude.
But the sage makes use of it.

Money or Happiness: Which is more valuable?
Success or Failure: Which is more destructive?

When you look outside for happiness.
You will never truly be fulfilled.

When you realize there is nothing lacking.
The whole world belongs to you.

True fullness seems empty.
True wisdom seems foolish.

There is no greater illusion than fear.
No greater wrong than defending yourself.

There is no enemy outside.
If you fight, you will lose.

The more you know, the less you understand.
When nothing is done, nothing is left undone.

The sage is good to both saint and sinner.
Thus, the true goodness is achieved.

In the beginning, there was darkness.
All things emerge from it and return.

Knowing how to yield is the true strength.
Keep moving forward is the true purpose.

Those who know don't speak.
Those who speak don't know.

Let go of fixed plans and concepts.
Life will take its own course.

Try to make people happy.
You will become miserable.

Try to make people good.
You will become bad.

Give evil nothing to oppose.
And, it will disappear by itself.

All streams flow into a sea.
Since, it is situated lower.

The humbler you become.
The greater you are perceived.

Honor can be bought with fine words.
Respect can be won with good deeds.

Prevent trouble before it arises.
Recent error is easy to correct.

I have just three things to teach.
Simplicity, patience, compassion.

Not-knowing is true wisdom.
Presuming to know is a disease.

First realize that you are sick.
You can then move towards health.

Act for the benefit of all.
Do good and move on.

Whoever is stiff and inflexible is dead.
Whoever is soft and yielding is alive.

The hard and stiff will be broken.
The soft and supple will prevail.

The gentle overcomes the rigid.
True words seem paradoxical.

Failure is a new opportunity.
There is no need to blame.

No one can insult me.
Since, I have no respect.

No one can defeat me.
Since, I'm already defeated.

No one can kill me.
Since, I'm already dead.

I don't know about others.
But I can say about myself.

I'm not the body, nor mind.
I'm not the doer, nor enjoyer.

The thoughts come and go.
The body acts by itself.

Things emerge and return to source.
I'm just the witness of everything.

The wise need not prove anything.
Those who prove are not wise.